CONSIDERACIONES JURÍDICAS PARA LA IMPLEMENTACIÓN DEL DICTAMEN FISCAL EN NICARAGUA

ALFREDO ANTONIO ARTILES MENDIETA

authorHOUSE

AuthorHouse™ UK
1663 Liberty Drive
Bloomington, IN 47403 USA
www.authorhouse.co.uk
Phone: UK TFN: 0800 0148641 (Toll Free inside the UK)
   UK Local: (02) 0369 56322 (+44 20 3695 6322 from outside the UK)

© 2023 Alfredo Antonio Artiles Mendieta. Todos los derechos reservados.

Ninguna página de este libro puede ser fotocopiada, reproducida o impresa por otra compañía o persona diferente a la autorizada.

Publicada por AuthorHouse   07/06/2023

ISBN: 979-8-8230-8288-4 (tapa blanda)
ISBN: 979-8-8230-8287-7 (libro electrónico)

Información sobre impresión disponible en la última página.

Las personas que aparecen en las imágenes de archivo proporcionadas por Getty Images son modelos. Este tipo de imágenes se utilizan únicamente con fines ilustrativos. Ciertas imágenes de archivo © Getty Images.

Este es un libro impreso en papel libre de ácido.

Debido a la naturaleza dinámica de Internet, cualquier dirección web o enlace contenido en este libro puede haber cambiado desde su publicación y puede que ya no sea válido. Las opiniones expresadas en esta obra son exclusivamente del autor y no reflejan necesariamente las opiniones del editor quien, por este medio, renuncia a cualquier responsabilidad sobre ellas.

«La familia es la base de la sociedad y el lugar donde las personas aprenden por vez primera los valores que les guían toda su vida».

Papa Juan Pablo II

Dedicado a mis Padres:

Doña Sara de Lourdes Mendieta Hernández y

Don Alfredo Antonio Artiles II Larios;

El mejor ejemplo de cómo debe ser un matrimonio

y la educación de los hijos.

En la Fiesta la Ascensión de Jesús al Padre de 2023

Estocolmo Suecia

Agradecimiento especial al
Dr. Juan Bautista Arríen Somarriba,
por apoyarme siempre con su sabiduría, calidad
técnica y profesional, pero más con su ejemplo de vida.

Biografía de Alfredo Antonio Artiles III Mendieta

Alfredo Antonio Artiles III Mendieta nació en Nicaragua. Hijo de padres nicaragüenses, Alfredo Antonio Artiles II Larios y Sara de Lourdes Mendieta Hernández, padres también de seis más hijos: Álvaro Antonio, Alexis Antonio, Arnoldo Antonio, Laura María, Sara María y Ariel Antonio.

Ha dedicado su vida profesional a asesorar organizaciones del sector privado y público, principalmente en temas financieros, específicamente en fusiones y adquisiciones. Ocupó quince años el puesto de socio director y CEO de KPMG en Nicaragua (2008-2022) y Gerente Regional de servicios de transacciones en PwC Costa Rica (2005-2007).

También ocupó el cargo de presidente de la Cámara de Comercio Americana (AMCHAM) en Nicaragua (2014-2015) y fue presidente del Consejo Empresarial de América Latina en Nicaragua (CEAL) (2022-2023). Fue Tesorero de la Federación Nacional de Ajedrez de Nicaragua (2012-2013).

Estudió una licenciatura en finanzas y una licenciatura en administración de empresas (1999) con énfasis en ciencias políticas. También tiene una maestría en economía (2002) y su investigación jurídica (2016) del doctorado en Derecho, con especialización en derecho constitucional. Es Contador Público Autorizado y habla perfectamente alemán, inglés y español.

Durante los últimos años se ha dedicado a publicar, de manera recurrente, artículos en su columna en el Diario La Prensa (Para líderes) sobre temas de valores, ética profesional, y disciplina laboral. Lo anterior, principalmente para jóvenes profesionales.

También ha sido invitado como expositor en eventos internacionales y para ponencias de lecciones inaugurales en universidades y organismos en los Estados Unidos de América, Costa Rica, Guatemala, Panamá, Argentina, Suiza, Egipto, y en Nicaragua, entre otros.

Él reconoce que gran parte de los aciertos de su carrera profesional es producto de benefactores que han sabido acompañarlo, al igual que la formación en valores y el ejemplo que siempre les dieron sus padres a todos sus hijos.

Actualmente, vive en Estocolmo, Suecia con su esposa Doña Arlen Vallecillo de Artiles con quien ha felizmente procreado seis hijos, todos nicaragüenses: Alfredo Antonio, Verónica Alejandra, María José,

Vanessa María, Alejandro Antonio y Mariana de los Ángeles.

Este libro es parte de la Biblioteca de la Familia Artiles y todo el dinero que se recaude de su venta será donado a obras de beneficencia.

TABLA DE CONTENIDOS

Introducción xxix

1. El Dictamen Fiscal... 1

   1.1. ¿Qué es el Dictamen Fiscal? 1

      1.1.1. La globalización..................................... 1

      1.1.2. Objetivos del empresario y de la empresa 2

      1.1.3. El fraude fiscal 4

      1.1.4. El Dictamen Fiscal 5

      1.1.5. Componentes del Dictamen Fiscal................ 7

   1.2. Bases técnicas para la elaboración del Dictamen Fiscal 9

   1.3. Responsabilidad por la emisión del Dictamen Fiscal...................................11

   1.4. Beneficios del Dictamen Fiscal 15

   1.5. Falsas concepciones acerca del Dictamen Fiscal...................................17

2. Los Contadores Públicos Autorizados y el Dictamen Fiscal 20

2.1. ¿Quién es el Contador Público Autorizado? 20

2.2. Nicaragua y la Ley de Ejercicio del Contador Público 23

2.3. Los Contadores Públicos Autorizados y el Dictamen Fiscal 28

2.4. El Código Tributario y el Dictamen Fiscal 30

2.5. El Código de Ética, las NIIF y las NIA ... 32

2.6. ¿Puede la DGI aceptar un Dictamen Fiscal distinto al del emitido por un CPA, tal y como lo manda la Ley n.° 6? 37

3. Introducción a la Dirección General de Ingresos y el Dictamen Fiscal 40

3.1. La Dirección General de Ingresos (DGI) y el Dictamen Fiscal 40

3.1.1. La fiscalización 40

3.1.2. Objetivos de la fiscalización 42

3.1.3. Obligatoriedad del respeto a la

    información contenida en el Dictamen Fiscal ... 44

3.1.4. Beneficios que puede obtener la DGI por

    la implementación del Dictamen Fiscal 46

3.1.5. La DGI y el CCPN 49

Resultados y aportes 53

Lista de referencias 58

Resumen

Durante el procedimiento de fiscalización y recaudación, la Dirección General de Ingresos (DGI) actúa de conformidad con el Código Tributario [CT] (Ley n.° 562, publicada en La Gaceta, Diario Oficial n.° 227 del 23 de noviembre de 2005) y sus reformas (Ley n.° 598, publicada en La Gaceta, Diario Oficial n.° 177 del 11 de septiembre de 2006) que en su artículo n.° 12 le asigna la «facultad, obligación y responsabilidad de exigir el cumplimiento de la obligación tributaria».

Sin embargo, aunque es responsabilidad de la DGI el llevar a cabo estas actividades, el CT en su artículo n.° 72 menciona que «…los contribuyentes o responsables, tendrán derecho a asesorarse y escoger el nombre de las firmas privadas de Contadores Públicos (CP) y/o Contadores Públicos Autorizados (CPA), para formular Dictamen Fiscal y hacer uso del mismo».

Es importante destacar que la Ley n.º 6 aprobada el 14 de abril de 1959, de Ejercicio del CP y publicada en La Gaceta, Diario Oficial n.º 94 del 30 de abril de 1959, reconoce en sus artículos 7 y 10 que solo los CPA (y no los CP) tienen la facultad de emitir dictámenes relacionados con la profesión y que cumplan con los requisitos para ser considerados como instrumentos con fe pública de conformidad con el artículo n.º 112 de dicha ley.

Aunque en nuestro CT ya se encuentra vigente el uso del Dictamen Fiscal, a la fecha de este estudio no se ha puesto en práctica, ni la DGI ha emitido pronunciamiento alguno al respecto.

En el presente libro se llevará a cabo un breve análisis de la legislación fiscal vigente en torno a la figura del Dictamen Fiscal y su relación con la legislación para el ejercicio de la profesión de CPA. También, se propondrán adiciones o reformas a la legislación actual tomando como base mejores prácticas.

PALABRAS CLAVE

Dictamen Fiscal / Autoridades tributarias / Contador Público Autorizado / Facultad de fiscalización.

ABSTRACT

During the audit and collection process, the General Revenue Services (DGI, for its acronym in Spanish) acts in accordance with the Tax Code [CT] (Law n.° 562, dated May 23, 2006 and published in La Gaceta n.° 227 dated November 23, 2005) and its amendments (Law n.° 598, dated September 8, 2006 and published in La Gaceta n.° 177 dated Septiember 11, 2006), which in article 12 assigns it the "faculty, obligation and responsibility to demand compliance with the tax obligation".

However, although it is the responsibility of the DGI to carry out these activities, the TC in its article n.° 72 mentions that "... the taxpayers or responsible person, have the right to advise and choose the names of private firms of Public Accountants (CP) and / or Certified Public Accountants (CPA), to issue a Fiscal Opinion and make use of it.

It is important to note that Law n.° 6, dated April 14, 1959 and published in La Gaceta n.° 94 dated April 30, 1959,

Exercise of the CP, recognizes in article 7 and 10 that only the CPA (and not the CP) have the power to issue opinions related to the profession and that meet the requirements to be considered as instruments with public faith in accordance with article 11 of the aforementioned law.

Although the use of the Fiscal Opinion is already in force in our TC, as of the date of this study it has not been implemented, nor has the DGI issued any pronouncement.

In this article, an analysis will be carried out of the tax legislation in force regarding the Fiscal Opinion and its relationship with the legislation for the practice of the CPA profession. It will also propose additions or amendments to current legislation based on best practices.

KEY WORDS

Fiscal opinion / Tax Authorities / Certified Public Accountant / Faculty of Fiscalization

Introducción

El Estado a través de la Constitución Política de la República de Nicaragua (Cn.) y las leyes aplicables a la materia, ha asignado a la DGI, diversas facultades, entre las que se sobresalen, la fiscalización y recaudación de los tributos para cumplir con la ejecución del Presupuesto General de la República (artículo n.° 112 y 113 Cn.).

Durante el procedimiento de fiscalización y recaudación, la DGI actúa de conformidad con el CT (Ley n.° 562, de fecha 22 de noviembre de 2005) y sus reformas (Ley n.° 598, de fecha 8 de septiembre de 2006) que en su artículo n.° 12 le asigna la «facultad, obligación y responsabilidad de exigir el cumplimiento de la obligación tributaria». Todo lo anterior para cumplir con los artículos n.° 112 al 115 de la Constitución Política de Nicaragua (Cn.) en torno al Presupuesto General de la República y el procedimiento de aprobación de leyes y recaudación de impuestos.

Como una herramienta efectiva de recaudación y verificación, el CT contempla en su artículo n.° 72 la emisión del Dictamen Fiscal. No obstante, y que a pesar de que nuestro CT contempla el uso del mismo, a la fecha de este estudio no se ha puesto en práctica, ni la DGI ha emitido pronunciamiento alguno al respecto.

El Dictamen Fiscal es una herramienta utilizada mundialmente, cuyo objetivo principal es el de obtener la opinión de un experto en materia fiscal, financiera y contable, con fe pública, que permita al usuario de este dictamen obtener un mayor grado de confianza en la información presentada. Sin duda alguna, es una excelente herramienta para los procedimientos de fiscalización (tanto preventiva como correctiva).

El artículo n.° 72 del CT, señala que la DGI tiene que permitir que" los contribuyentes o responsables, tendrán derecho a asesorarse y escoger el nombre de las firmas privadas de Contadores Públicos y/o Contadores Públicos Autorizados (CPA), para formular Dictamen Fiscal y hacer uso de este».

En adición a lo anterior, el CT reconoce el derecho de los contribuyentes o responsables de asesorarse y seleccionar firmas privadas de Contadores Públicos, que de conformidad con la Ley n.° 6, de fecha 14 de abril de 1959, de Ejercicio del Contador Público, reconoce en su artículo n.° 7 y 10 que solo los Contadores Públicos Autorizados tienen la facultad de emitir dictámenes relacionados con la profesión y que cumplan con los requisitos para ser considerados como instrumentos con fe pública de conformidad con el artículo n.° 11 de dicha ley. En otras palabras, lo dispuesto en el artículo n.° 72 del CT podría entrar en contradicción con los artículos n.° 7, 10 y 11 de la Ley n.° 6.

Lo descrito anteriormente nos plantea un problema jurídico, que se desglosar en las siguientes interrogantes:

a. ¿Puede la DGI aceptar un Dictamen Fiscal distinto al del emitido por un CPA, tal y como lo manda la Ley n.° 6?

b. ¿Qué mecanismos de control debe implementar la DGI para supervisar el trabajo de los CPA que emiten Dictámenes Fiscales sin entran en conflicto con las regulaciones establecidas en la Ley n.° 6 y el Código de Ética del CPA?

c. ¿Cómo debería llevar a cabo la DGI el mecanismo de implementación del Dictamen Fiscal en Nicaragua?

El objetivo de este libro es dar una respuesta con base en literatura científica, leyes y reglamentos, así como mejores prácticas al problema jurídico que se presenta en las tres preguntas anteriores. Con este objetivo, se aplicará durante esta investigación el método deductivo, que consiste en arribar a las conclusiones a través del análisis de diferentes premisas generales.

Quisiera aclarar que este libro no fue elaborado con el ánimo de defender a los contribuyentes o a la DGI. Durante toda la investigación pretenderé ser lo más balanceado posible y apegado a derecho. Lo anterior significa que las críticas que se hacen tanto para los contribuyentes, como para la autoridad tributaria, son producto de un profundo análisis académico-científico y no de una posición previamente establecida en torno al problema planteado en este documento.

En el presente libro se llevará a cabo un análisis de la legislación fiscal vigente en torno al Dictamen Fiscal y su relación con la legislación para el ejercicio de la profesión de Contador Público Autorizado. También se propondrán adiciones o reformas a la legislación actual tomando como base mejores prácticas de los Estados Unidos Mexicanos.

Aunque la rama del Derecho Tributario en Nicaragua ha sido objeto de múltiples investigaciones, el tema del Dictamen Fiscal, por su novedad, no ha despertado una atención especial. Con este trabajo hacemos una contribución para participar en el debate y motivar a otros investigadores para que se involucren en el desarrollo del país a través de la implementación del Dictamen Fiscal.

1. El Dictamen Fiscal

1.1. ¿Qué es el Dictamen Fiscal?

1.1.1. La globalización

Como preámbulo para poder estudiar el Dictamen Fiscal y su razón de ser, se hace necesario hacer un breve repaso de una realidad actual: la globalización. Históricamente y de manera general, se ha considerado un movimiento que es de tipo económico, aunque también ha tenido efectos en otras aristas de la vida social y política de nuestros países. Este fenómeno, también ha tenido un efecto directo sobre nuestros sistemas jurídicos tal y como lo expone Rincón Salcedo (2008):

> (…) la globalización ha sido, sin lugar a dudas, uno de los fenómenos que durante el último siglo más ha influido en la evolución de nuestros sistemas jurídicos y que con

seguridad determinará el curso de su evolución en este siglo que comienza. (p. 46)

Pero no ha sido, solo en lo jurídico que ha influido, sino también en el mundo empresarial, altamente ligado al mundo jurídico, que hoy más que nunca enfrenta nuevos retos para alcanzar sus objetivos.

1.1.2. Objetivos del empresario y de la empresa

En cualquier parte del mundo, el empresario y por ende la empresa tiene dos objetivos primarios: 1) generación de un retorno adecuado para los inversores y 2) aportar a través de actividades de responsabilidad social corporativa al crecimiento de las comunidades en las que participan.

Con relación a estos puntos, Peter Drucker (1958) menciona que:

(…) la generación de utilidades que puedan ser distribuidas a los socios de las

> organizaciones por el riesgo particular que asumen al invertir (debe realizarse) sin olvidar la función social de la empresa. Para alcanzar este objetivo, debe ser capaz de enfrentar retos que impone el mercado en su situación actual. (p. 13)

Las fuerzas del mercado, que cada vez se torna más regulado, hace que el riesgo de cada inversión se incremente y por ende la presión para obtener más retornos sobre la inversión. Con este propósito (de obtener mayor rendimiento), las empresas pueden implementar dos estrategias: 1) incrementar sus ingresos y/o 2) reducir sus costos. Dentro de las alternativas de reducción de costos se encuentran la disminución de la tasa efectiva de impuestos, que conlleva muchas veces a adoptar posiciones fiscales agresivas, que pueden convertirse en fraude.

1.1.3. El fraude fiscal

Este tema se relaciona intrínsecamente con la cultura nicaragüense donde existe la percepción de que los fraudes fiscales son "males menores". Cito a continuación a Artiles (2016) que hace referencia a este tema:

Otro reto al que se enfrentan las empresas es el de cumplir con todas las regulaciones (cada vez mayores), entre estas, sus obligaciones tributarias. Esto se convierte en un reto a la luz de la cultura y posición laxa de los ejecutivos de cuello blanco hacia el cumplimiento con este tipo de regulaciones. (p. 9)

Un estudio, de Beck (2014), menciona a que solo en Nicaragua la evasión fiscal (sin incluir la elusión) asciende a un 38 %, la más alta en América Central. En Costa Rica es 28 %, Guatemala 25 %, Honduras 23 % y El Salvador 21 %. (p. 14)

Y es que recaudar impuestos en Nicaragua y América Latina, en general no es sencillo. Al respecto se refiere Di John (2008) cuando menciona que «recaudar impuestos de cualquier tipo es una labor difícil; según algunos cálculos, América Latina solamente consigue recaudar una tercera parte de los ingresos tributarios que sería de esperar sobre la base de la renta y otros indicadores» (p. 15).

Es por esta razón que las autoridades tributarias han implementado planes de fiscalización para reducir el riesgo de evasión o elusión por parte de los contribuyentes. Parte de estos planes se encuentran reflejados en el CT e incluyen el Dictamen Fiscal.

1.1.4. El Dictamen Fiscal

Según el Diccionario del Español Jurídico emitido por la Real Academia Española el Dictamen consiste en general en un «informe elaborador por técnicos en una determinada materia que actúan como peritos en un proceso» (2016, p. 673). Este mismo Diccionario hace referencia a otro concepto, Dictamen Pericial, que consiste en un «informe emitido por expertos en una materia para la que se requieren conocimientos científicos, artísticos, técnicos o prácticos para explicar y valores hechos relevantes al objeto e la litis» (2016, p. 674). Ambas definiciones son una buena introducción para el concepto de Dictamen Fiscal.

Otra definición, más aplicable al objeto de nuestro estudio, la presenta el Instituto Mexicano de Contadores Públicos (IMCP), en su libro "Lo que usted debe conocer acerca del Dictamen Fiscal" (2010), en el cual se afirma que «es un elemento coadyuvante en sus funciones [de la DGI] de recaudación y fiscalización». (2015, p. 39). También, se hace referencia en ese mismo libro, que «el Dictamen Fiscal, es un reporte que se presenta ante las autoridades fiscales, el cual surge de la auditoría efectuada por el Contador Público sobre los estados financieros de la compañía». (2010, p. 20).

1.1.5. Componentes del Dictamen Fiscal

Para el caso de Nicaragua, el CT en su artículo n.° 72, no define si todas las personas naturales o jurídicas están sujetas a entregar un Dictamen Fiscal. En caso de que solo sea aplicable a ciertas personas, tampoco define los criterios para su elegibilidad. Sin embargo, tampoco prohíbe que una persona se dictamine fiscalmente de manera voluntaria. Por lo anterior, es que el IMCP (2010) afirma que" cuando el contribuyente ha manifestado elegir la opción de Dictamen Fiscal es una obligación y responsabilidad del contribuyente». (2010, p. 20).

Cabe en este momento hacer notar, tal y como lo presenta el IMCP (2010), que el Dictamen Fiscal es" una opinión sustentada en una revisión realizada con base en las Normas Internacionales de Auditoría (NIA) emitidas por la Federación Internacional de Contadores (IFAC, por sus siglas en inglés), que, por ende, está basada en la ejecución de pruebas selectivas, pero nunca basadas en una revisión total de la operación del contribuyente». (2010, p. 20).

Aunque, en el capítulo 2 de este documento abordaremos con mayor profundidad las Normas Internacionales de Auditoría (NIA), cabe en este momento citar que las NIA incluyen la responsabilidad del auditor independiente que" es expresar una opinión (un dictamen) sobre los estados financieros con base en la auditoría, para contrastarla con la responsabilidad de la Administración por la preparación de los estados financieros». (2010, p. 794).

1.2. Bases técnicas para la elaboración del Dictamen Fiscal

Ahora bien, ¿por qué se hace referencia a las NIA? Tenemos que considerar, tal y como menciona el IMCP que" el Dictamen Fiscal surge como una derivación de la auditoría a los estados financieros, realizada por el Contador Público, de acuerdo con las normas correspondientes» (2015, p. 24), en nuestro caso las NIA, es decir, que para que pueda emitirse un Dictamen Fiscal, primero tiene que llevarse a cabo una auditoría financiera (cuyo objetivo es emitir una opinión sobre los estados financieros) y posteriormente una auditoría fiscal (cuyo objetivo es emitir una opinión sobre el cumplimiento con leyes y regulaciones tributarias). Cabe señalar, que con base en la Ley n.° 6. del Colegio de Contadores Públicos de Nicaragua (CCPN), las NIA son las normas generalmente aceptadas de auditoría, con base en el Comunicado emitido por su Junta

Directiva, de fecha 21 de agosto de 2012 (http://www.ccpn.org.ni/files/CCPN_Codigo_de_Etica_CPA_27112015.pdf).

Es por lo anterior, que cuando se presenta a las Autoridades Fiscales, el Dictamen Fiscal, este consta de tres secciones:

1. Estados financieros y sus notas, dictaminado por un CPA, con su respectivo informe.

2. Informe sobre la revisión patrimonial de la situación fiscal del contribuyente.

3. Información adicional de carácter fiscal.

Ninguno de los puntos anteriormente mencionados (incluyendo las secciones y estructura del Dictamen Fiscal) está contenido en el CT. Por lo anterior, se hace necesario que el CT, o que la DGI defina claramente, y en conjunto con el CCPN, el proceso a seguir por las compañías y para poder emitir un

Dictamen Fiscal robusto y profesional. También, se debería definir la estructura de dicho Dictamen Fiscal.

1.3. Responsabilidad por la emisión del Dictamen Fiscal

Tenemos que partir del hecho que el contribuyente es solidariamente responsable del pago de sus impuestos, tal y como lo establece, la Ley n.° 822 de Concertación Tributaria (LCT), de fecha 1 de enero de 2013, (por ejemplo en su artículo n.° 67) y el CT en su artículo n.° 17, el CPA no tiene responsabilidad directa por el pago de estos impuestos. No obstante, éste si tiene responsabilidad por llevar a cabo su trabajo con base en el Código de Ética emitido por el CCPN, las NIA, las Normas Internacionales de Información Financiera (NIIF) [también adoptadas en el Comunicado del CCPN de fecha 21 de agosto de 2012] y la normativa fiscal.

Las NIA, en su sección 700, resumen de manera muy clara las responsabilidades de cada una de las partes, como se cita a continuación:

Base de la opinión [Responsabilidad del Auditor - CPA]

Hemos efectuado nuestra auditoría de conformidad con las Normas Internacionales de Auditoría (NIA). Nuestras responsabilidades de acuerdo con dichas normas se describen más adelante en la sección, «Responsabilidades del auditor en relación con la auditoría de los estados financieros» de nuestro informe. Somos independientes de la Compañía de conformidad con el Código de Ética para Profesionales de la Contabilidad del Consejo de Normas Internacionales de Ética para Contadores (Código de Ética del IESBA) junto con los requerimientos del Código de Ética del Colegio de Contadores Públicos de Nicaragua que son relevantes a nuestra auditoría de los estados financieros, y hemos cumplido las demás responsabilidades de ética de conformidad con esos requerimientos y con el Código de Ética del IESBA. Consideramos que la evidencia de auditoría que hemos obtenido es suficiente y apropiada para ofrecer una base para nuestra opinión».

Responsabilidades de la Administración y de los encargados del gobierno corporativo en relación con los estados financieros

La Administración es responsable de la preparación y presentación razonable de los estados financieros de conformidad con la NIIF para las PYMES, y del control interno que la Administración determine que es necesario para permitir la preparación de estados financieros que estén libres de errores de importancia relativa, debido ya sea a fraude o error.

En la preparación de los estados financieros, la Administración es responsable de evaluar la capacidad de la Compañía para continuar como un negocio en marcha, revelando, según corresponda, los asuntos relacionados con la condición de negocio en marcha y utilizando la base de contabilidad de negocio en marcha, a menos que la Administración tenga la intención de liquidar la Compañía o cesar sus operaciones, o bien no haya otra alternativa realista, más que esta intención de liquidar la Compañía o cesar sus operaciones, o bien no haya otra alternativa realista.

Los encargados del gobierno corporativo son responsables de la supervisión del proceso de información financiera de la Compañía. (2010)

Con base en lo establecido en el CT vigente, las responsabilidades de la Administración, el CPA, las NIA ni las NIIF se encuentran claramente definidas y homologadas con lo dispuesto por el CCPN.

1.4. Beneficios del Dictamen Fiscal

Existen muchos beneficios producto de la implementación del Dictamen Fiscal que sin duda vendría a fortalecer nuestro sistema de control y recaudación tributaria. Sin embargo, para que estos beneficios se obtengan, se tienen que hacer cambios significativos en las leyes y procesos operativos actuales. Al final de este documento, en la sección de Resultados y aportes, nos permitimos sugerir algunos sin pretender presentar una lisa exhaustiva. Por ahora, enumeraremos algunos beneficios, tal y como ya los ha identificado una economía que ya ha adoptado durante su historia el Dictamen Fiscal y que fueron recopilados por el IMCP (2010):

a. El trabajo para emitir un Dictamen Fiscal se lleva a cabo con base en NIA, que son estándares de calidad internacional que incrementan la confianza en este documento.

b. El Dictamen Fiscal" implica el otorgamiento de confianza Se presumirán ciertos, salvo prueba en contrario, los hechos afirmados en los dictámenes ». (2015, p. 115).

c. « constituye un instrumento muy valioso para el fiscal federal, que apoya la fiscalización de los contribuyentes, lo cual tiene un reflejo significativo en la recaudación fiscal federal». (2015, p. 115).

d. «En la revisión de los dictámenes fiscales por parte de las autoridades, estas requerirán, primero, al Contador Público la información y/o documentación necesaria para la revisión, y solo que dicho profesional no la proporcionara satisfactoriamente, recurrirán al contribuyente o a terceros». (2015, p. 115).

e. Existe un plazo máximo (y no indefinido) para llevar a cabo la revisión por parte de las autoridades.

Cabe señalar, que ninguno de los beneficios anteriormente expuestos está normado en el actual CT. No obstante, actualmente se encuentra en la Asamblea Nacional de Nicaragua un anteproyecto de ley para el ejercicio de la profesión de CPA que podría ser reformulado para incluir los beneficios arriba señalados.

1.5. Falsas concepciones acerca del Dictamen Fiscal

El IMCP (2010) ha recopilado con base en su experiencia algunas concepciones erróneas en torno al Dictamen Fiscal resumiendo las tres principales a continuación:

- El Dictamen Fiscal sirve para evitar una revisión directa por parte de las autoridades.

Esto no es correcto, ya que es una facultad de las autoridades fiscales llevar a cabo una revisión directa, independientemente que exista un Dictamen Fiscal.

- El Dictamen Fiscal no sirve para recaudar más impuestos. Con base en la experiencia mexicana, el Dictamen Fiscal ha tenido un efecto positivo en la recaudación de impuestos.

- La autoridad no confía en el Dictamen Fiscal y en la información proporcionada por el contribuyente. La experiencia ha demostrado que aunque el responsable de enviar la información a las autoridades es el contribuyente, esta termina siendo enviada por el CPA, quien goza de credibilidad ante las autoridades. (2010, p. 25)

En vista de que en Nicaragua aún no se ha implementado el Dictamen Fiscal, no se tienen registros de falsas concepciones. No obstante, las anteriores pueden servir como guía para la campaña de concienciación que se debería llevar a cabo al implementar el Dictamen Fiscal.

2. Los Contadores Públicos Autorizados y el Dictamen Fiscal

2.1. ¿Quién es el Contador Público Autorizado?

Según Zamorano (1965), define acertadamente el rol de Contador Público Autorizado de la siguiente manera y muy atada a su actuar ético profesional:

> (...) ya sea en su práctica profesional personal o unida a la de una firma o empresa, debe tener una ideología central de actuación; es decir, un núcleo de principios y valores que guíe a todos los que integran esta profesión hacia un mismo rumbo y actitud. (p. 1)

Por su parte, el Contador Público Autorizado es definido por Weinstein (2016), de la siguiente manera:

(...) incluido en la definición de la frase «habilidades y competencias profesionales (del Contador Público Autorizado) incluyen la preparación de los estados financieros, atestación de rendimiento y servicios de compilación, análisis de estados financieros, preparación y análisis de razones financieras y estadísticas, y preparación de declaraciones fiscales». (p. 25)

De las anteriores definiciones cabe destacar dos aspectos: 1) parte de sus obligaciones incluyen una serie de servicios, inclusive el de la preparación de las declaraciones fiscales y 2) la profesión de Contador Público Autorizado se basa en exigentes principios éticos.

Lo primero está claramente relacionado con su obligación de la preparación o su consecuente Dictamen Fiscal y en segundo lugar, el hecho de que ante el mundo globalizado, donde las presiones corporativas son cada vez más exigentes, es una realidad, que tanto la definición como la credibilidad mundial del Contador Público Autorizado ha cambiado radicalmente durante los últimos años.

No se puede ocultar el papel que jugaron en sus distintas disciplinas (como auditor externo e interno, contralor, contador financiero, asesor fiscal, entre otras) durante los escándalos mundialmente reconocidos como son Enron, WorldCom y Parmalat. Sin embargo, la sociedad sigue necesitada de esta profesión que, como otras profesiones dignas, tales como la medicina y el derecho (que no están exentas de cometer errores) mantienen su contribución a la sociedad con un balance positivo.

Pero ¿cuál es esa contribución?

2.2. Nicaragua y la Ley de Ejercicio del Contador Público

En Nicaragua, la profesión de Contador Público Autorizado está regida por la Ley n.° 6, aprobada el 14 de abril de 1959, de Ejercicio del Contador Público y publicada en La Gaceta, Diario Oficial n.° 94 del 30 de abril de 1959. El reglamento de la profesión de Contador Público y su Ejercicio, fue aprobado el 23 de abril de 1967 y publicado en La Gaceta, Diario Oficial n.° 112 del 23 de mayo de ese mismo año.

A nivel profesional, sus responsabilidades se encuentran definidas en la ley y su reglamento, antes referido, y en otros documentos emitidos a nivel local e internacional que atañen a la profesión contable. No obstante, podemos resumir que el rol de la profesión contable, según su misma ley en su

Capítulo II, artículos del n.° 7 al 10, es la que se presenta a continuación:

Artículo n.° 7. Corresponde especialmente a los Contadores Públicos Autorizados:

a. – Certificar toda clase de estados financieros o patrimoniales, distribuciones de fondos, cálculos de dividendos o de beneficios, y otros similares, sean que conciernan a personas físicas o a personas morales. Queda terminantemente prohibido extender certificados en otra lengua que se el español, idioma oficial del Estado.

b. – Intervenir, para dar fe de los asuntos concernientes a los ramos de su competencia, en la constitución, liquidación disolución, fusión, quiebras y otros actos similares de toda clase de sociedades, particiones u otras situaciones jurídicas semejantes; en la rendición de cuentas de administración de bienes; en la exhibición de libros, documentos o piezas de otro género relacionados con la dilucidación de cuestiones contabilísticas; y en la emisión, por personas de derecho privado, de toda clase de bonos, cédulas y otros títulos similares.

Artículo n.° 8. La intervención de los Contadores Públicos autorizados en cualquiera de los casos expresados en el artículo anterior, será obligatoria cuando interesen o se refieran a las instituciones de servicio o público que taxativamente indique el reglamento o lo disponga expresamente alguna ley de la República:

Artículo n.° 9. Los Tribunales de Justicia Civil o Penal y las oficinas administrativas que requieran la intervención de peritos en Contabilidad en asuntos de que conozcan, nombrarán necesariamente como tales, a Contadores Públicos debidamente autorizados.

Artículo n.° 10. Las certificaciones que para efectos tributarios hagan los Contadores Públicos Autorizados deberán ajustarse a los preceptos legales vigentes en la materia, debiendo la firma del Contador ir precedida de la siguiente razón:

"Certificado para efectos tributarios".

A través de la Ley y Reglamento antes referido podemos encontrar más detalle de las funciones específicas, pero si tuviésemos que resumirlas, sería el incrementar el nivel de credibilidad que tiene la sociedad sobre información preparada por un tercero y que es posteriormente auditada por un Contador Público Autorizado para el beneficio de la sociedad, tal como lo expresa Álvarez (2002) de la siguiente manera:

El término profesión viene de "profeses" que significa dedicación o respuesta. Hacer referencia al verbo "profesar", con lo que se quiere decir que el profesional se identifica o tiene apropiadas, haciendo parte de su ser, ciertas ideas, concepciones, y prácticas que lo caracterizan. La profesión es una facultad o capacidad certificada. Es un juramento de pertinencia y capacidad para desarrollar una labor propia.

La profesión no es solamente un asunto personal o individual, sino que al ser un "oficio" se podría afirmar que la profesión es una actividad pública y socialmente útil (p. 11)

En resumen, la profesión de Contador Público Autorizado, tiene una serie de presiones por cumplir en principio con una labor social, de protección social, basado en una serie de principios altamente éticos y morales.

2.3. Los Contadores Públicos Autorizados y el Dictamen Fiscal

Entrando en aspectos relativos al Dictamen Fiscal, habría que destacar dos artículos de la Ley y Reglamento antes citado. El primero es el artículo n.° 10, que hace referencia a que son los Contadores Públicos Autorizados, los llamados a emitir certificados para efectos tributarios. Ninguna otra profesión, como parte de sus funciones, tiene este mandato.

También, cabe destacar que es dentro de este mismo artículo que se otorga esta responsabilidad a los Contadores Públicos Autorizados (CPA) y no a los Contadores Públicos (CP), que si bien es cierto estos últimos cuentan con su título profesional, no cuentan con los requerimientos profesionales establecidos por el Colegio de Contadores Públicos de Nicaragua para ejercer la profesión.

Al respecto, el artículo n.° 11 de la citada ley, indica que «Los documentos que expidan los Contadores Públicos (Autorizados) en el ramo de su competencia, tendrán valor de documentos públicos». La otra ley que brinda la potestad de emitir documentos con fé pública es la Ley de Notariado, que entró inicialmente en vigencia en 1906, como anexo al Código de Procedimiento Civil. Desde entonces ha sido sujeta a varias reformas. Sin embargo, el artículo n.° 2 de dicha Ley es muy claro al limitar la función del notario en temas de" garantía, seguridad y perpetua constancia de los contratos y disposiciones entre vivos y por causa de muerte ». (p. 1).

En ningún momento brinda esta Ley, la potestad a los notarios de dictaminar en temas relacionados con estados financieros, declaraciones fiscales ni dictámenes fiscales. Por lo anterior, los abogados están impedidos de la emisión de dictámenes fiscales, quedando esta responsabilidad exclusivamente para los Contadores Públicos Autorizados.

2.4. El Código Tributario y el Dictamen Fiscal

En nuestro caso, el Dictamen Fiscal, tal y como está contenido en el Código Tributario es un documento público tal y como lo establece el artículo n.° 154. Sin embargo, da erróneamente la potestad de ejercer la función de emisión de este dictamen a Contadores Públicos que no se encuentran autorizados por el Colegio de Contadores Públicos de Nicaragua. Lo que sí mencionan, es que deben de estar registrados ante la Administración Tributaria, como si esta fuese un organismo rector de la profesión contable.

A manera de conclusión preliminar, podemos rescatar en este apartado (además de lo que hemos señalado en los apartados anteriores) lo siguiente:

a. La función del Contadores Público es elevar el nivel de confianza y credibilidad sobre la información que fue sujeta a su auditoría.

b. No es suficiente contar con un título profesional de Contadores Público para poder ejercer la profesión. Se debe de estar debidamente inscrito en el Colegio de Contadores Públicos y en otras organizaciones que se requiera para el ejercicio de su profesión, como, por ejemplo, el Ministerio de Educación Cultura y Deportes, la Contraloría General de la República, la Superintendencia de Bancos y de Otras Instituciones Financieras, entre otros.

c. Todos los documentos que emiten los Contadores Públicos Autorizados tienen valor de documentos públicos, en lo relacionado con su materia. El tema fiscal, tal y como lo define la ley, está dentro de su campo de acción.

d. El Dictamen Fiscal es un documento público y la Autoridad Tributaria ha autorizado a los Contadores Públicos que no son CPA a que emitan estos dictámenes a pesar de no estar debidamente inscritos en el Colegio de Contadores Públicos.

2.5. El Código de Ética, las NIIF y las NIA

El Contador Público Autorizado, enmarca su actuación, principalmente en tres documentos:

a. Código de Ética para Profesionales de la Contabilidad, emitido por el Colegio de Contadores Públicos de Nicaragua y que puede ser descargado de su página web (www.ccpn.org.ni). Este Código se base en principios morales muy fuertes como se observa a continuación:

La concepción de la universalidad de los principios de ética y las normas morales, es la esencia de este Código; ya que, los principios fundamentales de ética comprenden los deberes que el hombre tiene para con su creador, sus congéneres y consigo mismo; puesto que, las normas que rigen la moral disponen las reglas que deben seguirse para hacer el bien y evitar el mal; las cuales, son universales en el tiempo y el espacio y nadie puede eximirse de su cumplimiento. (p. 1)

b. Normas Internacionales de Auditoría adoptadas por el Colegio de Contadores Públicos de Nicaragua y emitidas por el IFAC (Federación Internacional de Contadores) y que pueden ser descargadas de su página web (www.ifac.org). Estas Normas establecen que" tratan con las responsabilidades generales del auditor independiente mientras lleva a cabo una auditoría ». (p. 3). Cabe señalar, que es bajo estas Normas que el auditor (una de las funciones del Contador Público Autorizado) desempeña su trabajo de emitir un Dictamen Fiscal. Ninguna otra profesión tiene un set de guías o normas para llevar a cabo este tipo de trabajos.

c. Normas Internacionales de Información Financiera (NIIF) adoptadas en Nicaragua por el Colegio de Contadores Públicos de Nicaragua y emitidas por la IASB (Junta Internacional de Estándares de Contabilidad) y que pueden ser descargadas de la página web de IFAC (https://www.ifac.org/).

Estas Normas, aunque son adoptadas en Nicaragua, aún no son reconocidas por las Autoridades Tributarias para propósitos fiscales. No obstante, la tendencia nacional es hacia el uso de estas normas. Por ejemplo, a la fecha, el Colegio de Contadores Públicos de Nicaragua ya la has adoptado tal y como consta en su resolución n.° CCPN-JD-001-2012, del 21 de agosto de 2012 y actualmente los auditores externos, solo pueden emitir opiniones sobre estados financieros si estos son preparados de conformidad con NIIF.

Estas Normas Internacionales de Información Financieras en su Marco Conceptual establecen que su objetivo principal es permitir la emisión de estados financieros transparentes que cumplan con las siguientes características:

i. Sea transparente para los usuarios y comparable para todos los periodos en que se presenten;

ii. Suministre un punto de partida adecuado para la contabilización según las Normas Internacionales de Información Financiera (NIIF); y

iii. Pueda ser obtenida a un costo que no exceda a sus beneficios. (p. 4)

De los tres documentos anteriores, el más importante en la actuación del Contador Público Autorizado es el Código de Ética para Profesionales de la Contabilidad (cuya versión base fue escrita por el Lic. Alfredo Antonio Artiles Larios en el año 1999).

Sobre el tema de la ética profesional del Contador Público Autorizado, este Código (1999) afirma lo siguiente:

La concepción de la universalidad de los principios de ética y las normas morales, es la esencia de este Código; ya que, los principios fundamentales de ética comprenden los deberes que el hombre tiene para con su creador, sus congéneres y consigo mismo; puesto que, las normas que rigen la moral disponen las reglas que deben seguirse para hacer el bien y evitar el mal; las cuales, son universales en el tiempo y el espacio y nadie puede eximirse de su cumplimiento.

Las normas de este Código son aplicables a todos los profesionales que practican y ejercen la profesión de contaduría. (p. 1)

Todo lo anterior, en línea con lo que mandata la ley y el reglamento aplicable a la profesión de Contador Público Autorizado.

Pero, ¿por qué es importante mencionar lo anterior en este escrito? Por ahora, la discusión se ha centrado en el problema definido que hemos mencionado al inicio de este documento en forma de pregunta que dice:

2.6. ¿Puede la DGI aceptar un Dictamen Fiscal distinto al del emitido por un CPA, tal y como lo manda la Ley n.° 6?

Con base en lo que señala el artículo n.° 154 del Código Tributario, sí es posible. Sin embargo, esta aceptación entraría en directa contradicción con la

Ley n.° 6 y su reglamento, específicamente en sus artículos n.° 7 al 12. Por lo anterior, se hace necesario modificar el anteproyecto de ley del ejercicio de la profesión del CPA que mencionamos anteriormente para que, como ley específica, pueda dirimir esta contradicción, por tratarse de la ley específica de la profesión contable que contiene el mandato de la emisión del Dictamen Fiscal.

Otro aspecto relevante a mencionar, es que hasta la fecha de entrada en vigencia del Código Tributario, en Nicaragua solo dos profesiones tenían fe pública: el Notario (que tiene su propia ley) y el Contador Público Autorizado (que también tiene su propia ley). Actualmente, con lo dispuesto en el artículo n.° 154 otorga también esta facultad al Contador Público, que no tiene su propia ley, ni se rige por ningún organismo rector de la profesión.

Finalmente, y de manera específica para el Contador Público Autorizado, existen una serie de mandatos (éticos, morales y técnicos) contenidos en las normas y códigos antes citadas que, de una manera directa, no solo brindan guías de actuación ética y profesional, sino que también están diseñadas para proteger a la sociedad de malas prácticas por parte de los Contadores Públicos Autorizados. Sin embargo, queda la interrogante de cómo piensa la Autoridad Tributaria proteger a la sociedad de malas prácticas de Contadores Públicos (sin ser Autorizados) a quien ellos han dado licencia para ejercer en clara contraposición a la Ley n.° 6 de ejercicio del Contador Público.

3. Introducción a la Dirección General de Ingresos y el Dictamen Fiscal

3.1. La Dirección General de Ingresos (DGI) y el Dictamen Fiscal

El Dictamen Fiscal es parte del procedimiento de fiscalización que lleva a cabo la DGI en vista de que el Código Tributario, le otorga esa facultad en el artículo n.° 147.

Cabe en este momento preguntarnos qué es la fiscalización.

3.1.1. La fiscalización

Artiles (2017) cita a Villegas (2015) quien afirma que" en buena cuenta, es una actividad administrativa en virtud de la cual se verifican, comprueban e investigan las actividades de los administrados mediante la obtención de información» (p. 249)

Por su parte, Díaz (2003) sostiene que «[la fiscalización] es comprobación de los hechos y datos declarados y es investigación de aquellos que no conoce directamente a través de una declaración del sujeto o indirectamente por medio de la información facilitada por un sujeto tercero» (p. 249). Cabe destacar, dos conceptos de la definición anterior, la investigación y la comprobación.

Desde la perspectiva tributaria, Artiles (2017) también cita a Jarach (2015) quien afirma que:

> (...) la fiscalización implica la búsqueda y el reconocimiento de actividades económicas susceptibles de generar obligaciones tributarias, para lo cual la Administración tributaria tiene facultades discrecionales para exigir determinada información, necesaria

y suficiente, al deudor tributario, a fin de aplicar el sistema fiscal. (p. 249)

Como hemos observado anteriormente, la DGI ejerce su facultad de fiscalización para lo cua el Dictamen Fiscal sería una herramienta de gran valor porque apoyaría los objetivos principales del procedimiento de fiscalización.

3.1.2. Objetivos de la fiscalización

Uno de los objetivos que persigue la fiscalización es el hacer saber al contribuyente que está siendo observado y que cualquier actividad que no esté apegada a la Ley será sujeta de sanciones, algunas muy estrictas (como por ejemplo, el cierre del negocio).

Por su parte, Ziccardi (2003) explica que la función fiscalizadora de la Administración tributaria es la de «generar una situación de riesgo para los evasores que pueda inducir, tanto a ellos como al resto de contribuyentes, a un mayor cumplimiento futuro » (p. 249). Esta estrategia tiene como objetivo reducir el fraude fiscal e incentivar al contribuyente al pago en tiempo y forma de sus obligaciones tributarias.

Finalmente, citamos a Jarach (2015) quien afirma que:

> (...) la fiscalización implica la búsqueda y el reconocimiento de actividades económicas susceptibles de generar obligaciones tributarias, para lo cual la Administración tributaria tiene facultades discrecionales para exigir determinada información, necesaria y suficiente, al deudor tributario, a fin de aplicar el sistema fiscal. (p. 249)

3.1.3. Obligatoriedad del respeto a la información contenida en el Dictamen Fiscal

Es una realidad que los contribuyentes tienen cierto recelo de presentar su información a un tercero, sea este la DGI o un Contador Público Autorizado. No obstante, Villegas (2015) propone que el actuar de los auditores debe apegarse a los siguientes principios:

a. Respeto al derecho a la intimidad personal y familiar.

b. Respeto al derecho de privacidad de las comunicaciones, correspondencia y documentación.

c. Respeto al secreto bancario, secreto profesional y comercial.

d. La obligación de la Administración tributaria de garantizar la reserva tributaria.

e. La información requerida al contribuyente debe tener relevancia tributaria.

f. El procedimiento de fiscalización debe ser decidido por la [administración tributaria] de acuerdo con criterios técnicos, uniformes y en función del derecho a la igualdad.

g. El respeto del derecho al debido procedimiento en todas las actuaciones de la Administración tributaria cumpliendo los plazos y formas.

h. El respeto al derecho a ofrecer y actuar pruebas y exponer argumentos a su favor.

i. La no exigencia a la autoincriminación, que en materia tributaria se traduce a no tener que declarar contra sí mismo o que las informaciones obtenidas sean actuadas como medios de prueba contra el contribuyente.

j. Respeto al derecho *in dubio* pro-administrado.

k. Respeto a los plazos de prescripción de las obligaciones e infracciones tributarias.

l. Respeto al derecho de una determinación única, integral y definitiva.

m. Respeto al derecho de impugnar las resoluciones de la Administración tributaria así como a solicitar revocar, modificar, sustituir, complementar y aclarar sus decisiones.

n. Y todos los demás derechos que se reconocen en la Constitución Política, el Código Tributario sus reformas y demás leyes que se relacionen. (p. 269).

3.1.4. Beneficios que puede obtener la DGI por la implementación del Dictamen Fiscal

De la aplicación del Dictamen Fiscal la DGI, se puede obtener una serie de beneficios.

A continuación, mencionamos solo cuatro de ellos de manera ilustrativa:

a. Ahorro en personal y costos de entrenamiento, ya que se involucrarían Contadores Públicos Autorizados y/o firmas de Contadores Públicos Autorizados que cuentan con el personal necesario y permanente para llevar a cabo el trabajo de emisión del Dictamen Fiscal.

b. En caso de contratar firmas internacionales, estas cuentan con personal multidisciplinario, que cumplen con una cantidad mínima de horas de capacitación y que desempeñan su trabajo utilizando metodologías mundiales y tecnología de punta. Esto resultaría en una auditoría que se realizaría en menos tiempo y en consecuencia a menor costo para la DGI.

c. Por tratarse de personal que se dedica exclusivamente a llevar a cabo este tipo de trabajo asistidos, como mencionábamos anteriormente, con metodologías mundiales y tecnología de punta, las firmas también cuentan con una estructura que les garantiza, no solo una mayor calidad de su trabajo, sino eficiencia en el mismo. Por lo anterior, la DGI recibiría sus Dictámenes Fiscales en un tiempo menor.

d. En adición a lo anterior, las firmas cuentan con un grupo de especialistas en distintas materias, que brindan asistencia al equipo auditor. Estos especialistas pueden ser de las ramas del derecho, tecnología, ingeniería, entre otros. Uno de los beneficios de los equipos multidisciplinarios, además de los conocimientos especializados, es su conocimiento de la industria en particular que está siendo auditada, lo que brinda una mayor seguridad sobre la calidad del trabajo que se está llevando a cabo.

3.1.5. La DGI y el CCPN

La DGI y el CCPN deberían trabajar en conjunto para que la implementación del Dictamen Fiscal sea un éxito. A continuación, algunas de las estrategias de implementación y control que pueden seguir para lograr este objetivo:

a. La DGI debe llevar un control paralelo de profesionales de la Contaduría Pública, que estén debidamente autorizados para ejercer su profesión por el CCPN. Esta es una práctica que ya se aplica en Nicaragua, como por ejemplo con la Contraloría General de la República y la Superintendencia de Bancos y de Otras Instituciones Financieras.

b. El registro tiene que ser visible (en línea en la página web de la DGI) para que los contribuyentes puedan saber si las personas naturales o jurídicas están debidamente registrados, y por ende autorizados, para emitir dictámenes fiscales. Este registro, también debería reflejar sanciones aplicadas por malas prácticas profesionales.

c. La DGI debería tener la potestad de enviar al CCPN, específicamente al Tribunal de Honor, a todos aquellos Contadores Públicos Autorizados que no hayan cumplido con las Normas Internacionales de Auditoría y el Código de Ética aplicable para que su caso sea estudiado y, si aplica, sancionarlo.

d. Ambas instituciones, en conjunto, pueden desarrollar capacitaciones a Contadores Públicos Autorizados Independientes (que no tienen una firma), para que logren adquirir los conocimientos necesarios para poder emitir Dictámenes Fiscales.

e. Ambas instituciones deben llevar a cabo una campaña de promoción ante los gremios empresariales explicando las bondades del Dictamen Fiscal y el por qué deben implementarlo lo más pronto posible (una vez la DGI lo acepte).

f. Es por todo lo anterior, que se hace indispensable la conformación de un Comité Técnico y Mixto que trabaje en conjunto conformado con personas de ambas instituciones para implementar los procesos y herramientas que intervienen en el Dictamen Fiscal.

Resultados y aportes

1. Solo los CPA pueden firmar los dictámenes fiscales. No existe otra profesión que esté autorizada por ley para desempeñar esta función, independientemente de que tengan fé pública.

2. La DGI puede incrementar la eficiencia en su sistema de fiscalización, lograr un mayor alcance al momento de supervisar e integrar metodologías de calidad mundial y tecnología de punta en el proceso que será desempeñado por profesionales multidisciplinarios y Contadores Públicos Autorizados, que son los responsables de la emisión del Dictamen Fiscal.

3. Requerir que los Contadores Públicos Autorizados se inscriban y renueven, por lo menos cada dos años, su inscripción ante la DGI y que el equipo de trabajo rote cada

cinco años, serían una sana recomendación, en pro de su control.

4. Se debería conformar una Comisión mixta entre la DGI y el CCPN, con la finalidad de crear consciencia en los empresarios sobre las ventajas del Dictamen Fiscal.

5. La DGI y el CCPN deberían reunirse con las Universidades para que hagan una actualización de sus pensum de estudios para que los alumnos se gradúen con conocimientos acerca del Dictamen Fiscal.

6. Se debería modificar el artículo n.° 154 del Código Tributario para que solo Contadores Públicos Autorizados puedan emitir dictámenes fiscales.

7. Se recomienda establecer un Comité Mixto Permanente, conformado por la DGI y el

CCPN para ejercer distintas funciones, como por ejemplo:

a. Definir modelos de informes a emitir y sus correpondientes papeles de trabajo que soportan su informe.

b. Definir planes de capacitación adicional con los que deben cumplir los Contadores Públicos Independientes que deseen emitir dictámenes fiscales (por ejemplo, en temas tributarios, cantidad de horas de entrenamientos anuales, etc.).

c. Atender denuncias por malas prácticas por parte de la comunidad.

d. Atender denuncias por parte de la DGI. Cabe señalar, que solo el Colegio de Contadores Públicos puede imponer sanciones al Contador Público

Autorizado. La DGI solo podrá suspender o no renovar el registro de la firma o Contador Público Autorizado que haya faltado a la ética, la moral, las buenas costumbres o la literatura técnica aplicable.

e. Establecer un programa de Control de Calidad a ser implementado por el Colegio de Contadores Públicos, en sintonía con la DGI (*peer review*), para asegurarse que los profesionales de la contabilidad se sientan monitoreados y que están llevando a cabo bien su trabajo.

Lista de referencias

Álvarez Osorio, M. C. (2002). El contador público y su responsabilidad social. Chicago. Recuperado de: http://tesis.udea.edu.co/bitstream/10495/4945/1/%C3%81lvarezM_2002_ContadorP%C3%BAblicoResponsabilidadSocial.pdf

Artiles, A. (2016). *Los precios de transferencia y su relación con el principio de plena competencia (paper no publicado)* Managua, Nicaragua: Universidad Centroamericana.

Asamblea Nacional. (1959). Ley n.° 6. Ley para el ejercicio del Contador Público. Publicada en La Gaceta, Diario Oficial n.° 94, de 30 de abril de 1959. Nicaragua. Asamblea Nacional. (2005). Ley n.° 562. Ley del Código Tributario. Publicada en La Gaceta, Diario Oficial n.° 227, de 23 de noviembre de 2005. Nicaragua.

Asamblea Nacional. (2006). Ley n.° 598. Ley de Reforma a la Ley 562, Código Tributario de la República de Nicaragua. Publicada en La Gaceta, Diario Oficial n.° 177, de 11 de septiembre de 2006. Nicaragua.

Asamblea Nacional. (2012). Ley n.° 822. Ley de Concertación Tributaria. Publicada en La Gaceta, Diario Oficial n.° 241, de 17 de diciembre de 2012. Nicaragua. Asamblea Nacional. (2014). Ley n.° 625. Ley del Salario Mínimo. Publicada en La Gaceta, Diario Oficial n.° 120, del 18 de febrero de 2014. Nicaragua.

Asamblea Nacional. (2015). Ley n.° 922. Ley de Reforma a la Ley n.° 822, Ley de Concertación Tributaria. Publicada en La Gaceta, Diario Oficial n.° 240, de 17 de diciembre de 2015. Nicaragua.

Beck, T. & Lin, C. (2014). Why Do Firms Evade Taxes? The Role of Information Sharing and Financial Sector Outreach. The Journal of Finance, Volumen LXIX.

Burton, H. & Karlinsky, S. (2005). Perception of a White-Collar Crime: Tax Evasion. The ATA Journal of Legal Tax Research, Volumen 3, Número 1.

Colegio de Contadores Públicos de Nicaragua (2015). Código de Ética para Profesionales de la Contabilidad. Recuperado de: http://www.ccpn.org.ni/files/CCPN_Codigo_de_Etica_CPA_27112015.pdf Drucker, P. (1958). Business Objectives and Survival Needs: Notes on a Discipline of Business Enterprise. The Journal of Business, 31 (2), 81-90. Recuperado de: http://www.jstor.org/stable/2350590

Instituto Mexicano de Contadores Públicos (2010). *Lo que usted debe conocer acerca del Dictamen Fiscal.* México D.F: IMCP.

International Federation of Accountants (2015). Normas Internacionales de Auditoría y Control de Calidad. México D.F: IMCP. Recuperado de: https://www.ifac.org/

Real Academia Española. (2016). *Diccionario del español jurídico.* España: Espasa Libros.

Rincón Salcedo, J. (2008). La globalización y el derecho: la necesaria aplicación de un pluralismo jurídico real. *Polegómenos. Derechos y Valores.* Vol. XI, número 22.

Villegas Lévano, C. (2015). *Límites constitucionales a las facultades discrecionales de la Administración tributaria.* Lima, Perú.

Weinstein, E. A. (2016). Disentangling from Onerous New York State CPA Licensing Requirements. CPA Journal, 86 (12), 24. Recuperado de: https://web.a.ebscohost.com/ehost/pdfviewer/pdfviewer?vid=4&sid=246fa2b6-9288-423a-a647-f76fc444af1f%40sessionmgr4007

www.ingramcontent.com/pod-product-compliance
Lightning Source LLC
Chambersburg PA
CBHW020448220526
45464CB00002B/917